Impressum
Verlag: BABADADA GmbH, Nedderfeld 112 , 22529 Hamburg
Geschäftsführer / Verlagsleitung: Harald Hof
Druck: Books on Demand GmbH, In de Tarpen 42, 22848 Norderstedt

Imprint
Publisher: BABADADA GmbH, Nedderfeld 112 , 22529 Hamburg, Germany
Managing Director / Publishing direction: Harald Hof
Print: Books on Demand GmbH, In de Tarpen 42, 22848 Norderstedt, Germany

kool

school

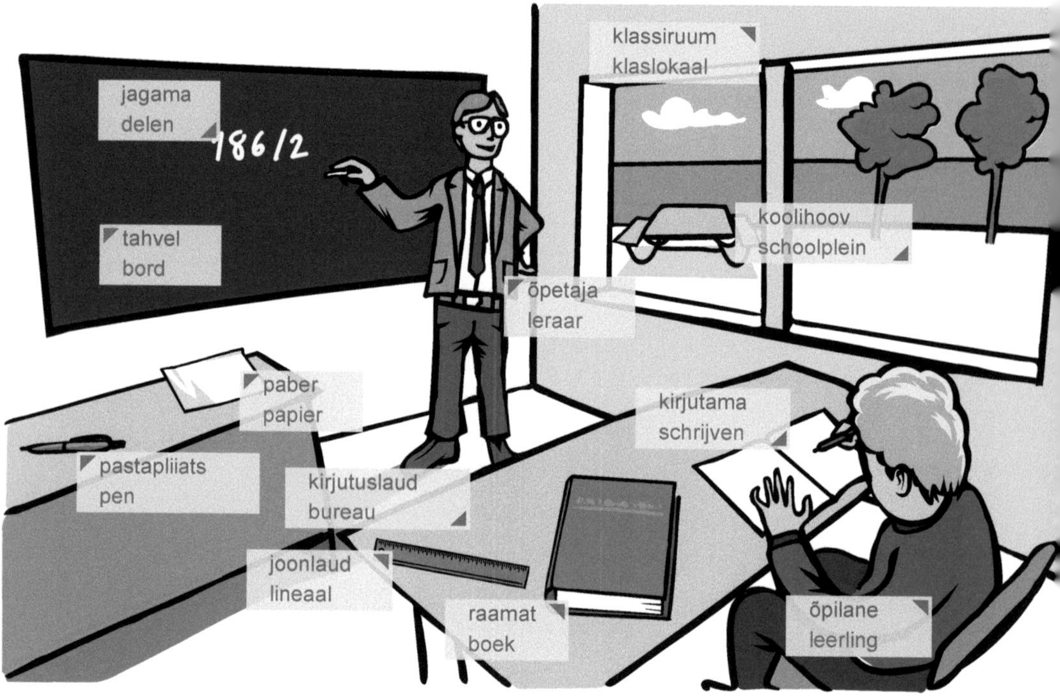
klassiruum
klaslokaal
jagama
delen
186/2
tahvel
bord
koolihoov
schoolplein
õpetaja
leraar
paber
papier
kirjutama
schrijven
pastapliiats
pen
kirjutuslaud
bureau
joonlaud
lineaal
raamat
boek
õpilane
leerling

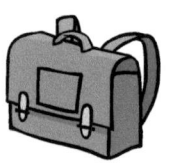

koolikott

schooltas

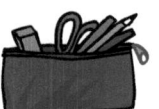

pinal

etui

harilik pliiats

potlood

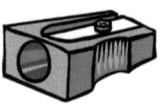

pliiatsiteritaja

puntenslijper

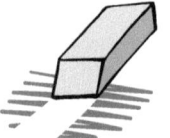

kustukumm

gum

joonistusplokk

schetsblok

joonistus

tekening

pintsel

penseel

värvikarp

verfdoos

käärid

schaar

liim

lijm

töövihik

schrift

kodutöö

huiswerk

12

number

getal

2+2

liitma

optellen

5-2

lahutama

aftrekken

2×2

korrutama

vermenigvuldigen

arvutama

rekenen

A

täht

letter

ABCDEFG
HIJKLMN
OPQRSTU
VWXYZ

tähestik

alfabet

sõna

woord

tekst

tekst

lugema

lezen

kriit

krijt

koolitund

les

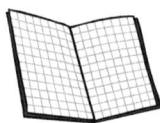

klassipäevik

klassenboek

eksam

examen

tunnistus

diploma

koolivorm

schooluniform

haridus

opleiding

entsüklopeedia

encyclopedie

ülikool

universiteit

mikroskoop

microscoop

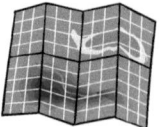

kaart

kaart

paberikorv

prullenmand

reisimine

reis

hotell
hotel
Grand
hostel
hostel
ROOMS
valuutavahetuspunkt
wisselkantoor
kohver
koffer
auto
auto

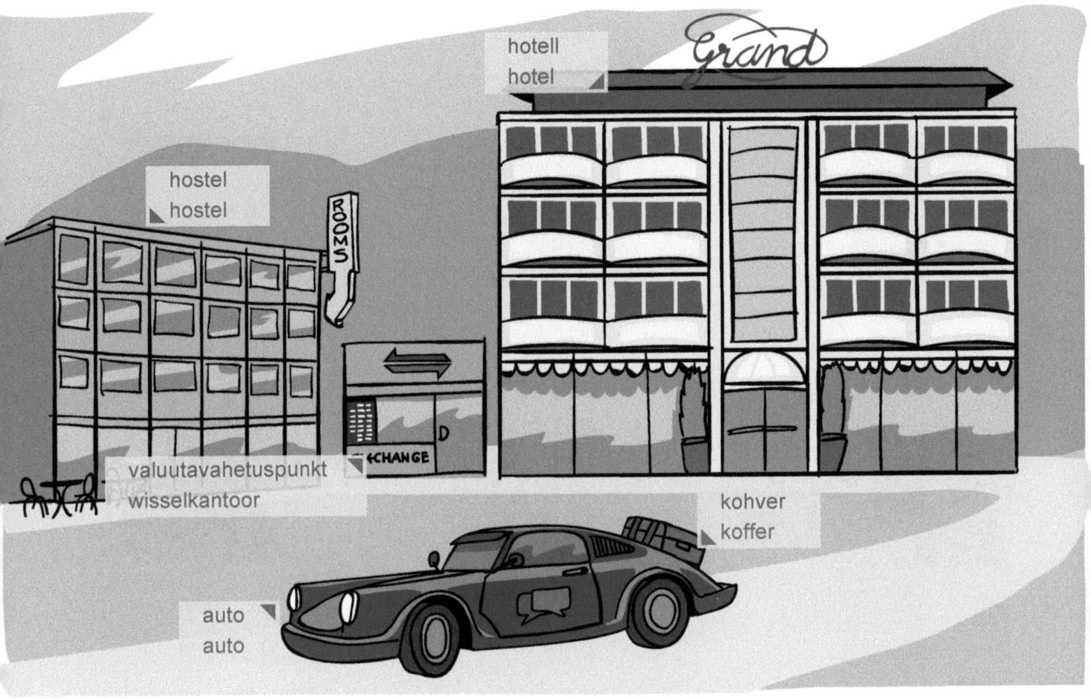

keel

taal

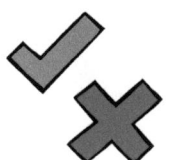

jah / ei

ja / nee

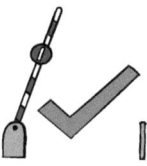

okei

oké

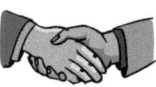

Tere!

Hallo!

tõlk

tolk

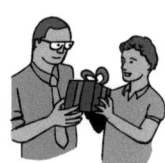

Aitäh!

Bedankt.

Kui palju maksab …?

Wat kost …?

Ma ei saa aru

Ik begrijp het niet.

probleem

probleem

Tere õhtust!

Goedenavond!

Tere hommikust!

Goedemorgen!

Head ööd!

Goedenacht!

Head aega!

Tot ziens!

suund

richting

pagas

bagage

kott

tas

seljakott

rugzak

külaline

gast

tuba

kamer

magamiskott

slaapzak

telk

tent

turismiinfo

VVV-kantoor

rand

strand

krediitkaart

creditkaart

hommikusöök

ontbijt

lõunasöök

lunch

õhtusöök

diner

pilet

kaartje

lift

lift

postmark

postzegel

riigipiir

grens

toll

douane

saatkond

ambassade

viisa

visum

pass

paspoort

transport
transport

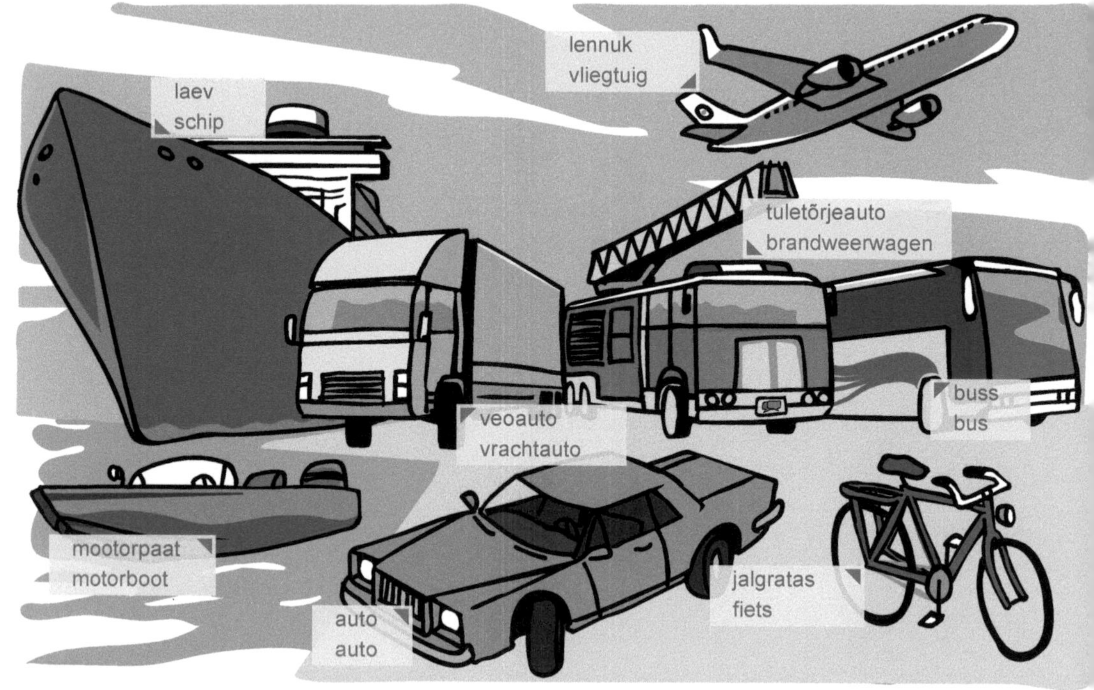

lennuk
vliegtuig
laev
schip
tuletõrjeauto
brandweerwagen
buss
bus
veoauto
vrachtauto
mootorpaat
motorboot
jalgratas
fiets
auto
auto

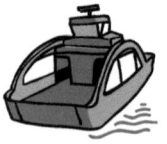

praam

veerboot

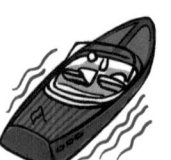

paat

boot

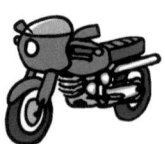

mootorratas

motorfiets

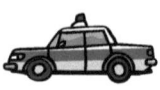

politseiauto

politiewagen

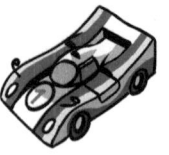

võidusõiduauto

raceauto

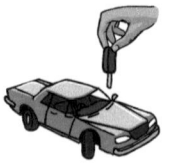

rendiauto

huurauto

ühisauto

carsharing

puksiirauto

takelwagen

prügiauto

vuilniswagen

mootor

motor

kütus

benzine

tankla

benzinepomp

liiklusmärk

verkeersbord

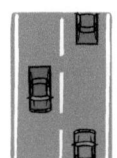

liiklus

verkeer

liiklusummik

file

parkla

parkeerplaats

raudteejaam

station

rööpad

rails

rong

trein

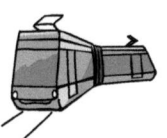

tramm

tram

vagun

wagon

helikopter
helikopter

lennujaam
luchthaven

torn
toren

reisija
passagier

konteiner
container

pappkast
verhuisdoos

käru
kar

korv
mand

õhku tõusma / maanduma
opstijgen / landen

linn

stad

küla
dorp

kesklinn
stadscentrum

maja
huis

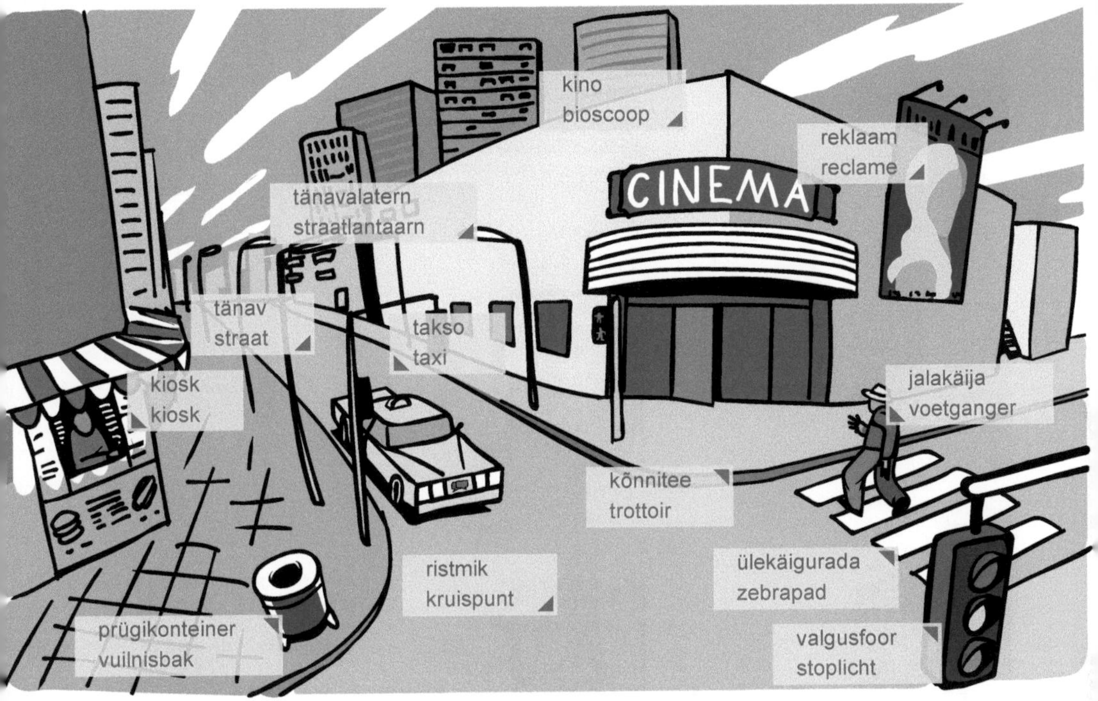

kino
bioscoop

reklaam
reclame

tänavalatern
straatlantaarn

CINEMA

tänav
straat

takso
taxi

jalakäija
voetganger

kiosk
kiosk

kõnnitee
trottoir

ristmik
kruispunt

ülekäigurada
zebrapad

prügikonteiner
vuilnisbak

valgusfoor
stoplicht

osmik
hut

kortermaja
appartement

raudteejaam
station

raekoda
stadhuis

muuseum
museum

kool
school

ülikool

universiteit

pank

bank

haigla

ziekenhuis

hotell

hotel

apteek

apotheek

kontor

kantoor

raamatupood

boekenwinkel

kauplus

winkel

lillepood

bloemenwinkel

supermarket

supermarkt

turg

markt

kaubamaja

warenhuis

kalapood

visboer

kaubanduskeskus

winkelcentrum

sadam

haven

park
park

pink
bank

sild
brug

trepp
trap

metroo
metro

tunnel
tunnel

bussipeatus
bushalte

baar
bar

restoran
restaurant

postkast
brievenbus

tänavasilt
straatnaambord

parkimisautomaat
parkeermeter

loomaaed
dierentuin

ujula
zwembad

mošee
moskee

talu
boerderij

reostus
vervuiling

surnuaed
begraafplaats

kirik
kerk

mänguväljak
speelplaats

tempel
tempel

maastik
landschap

leht
blad

teeviit
wegwijzer

tee
weg

aas
weide

kivi
steen

puu
boom

matkaja
wandelaar

jõgi
rivier

rohi
gras

lill
bloem

org
....
vallei

mägi
....
berg

järv
....
meer

mets
....
bos

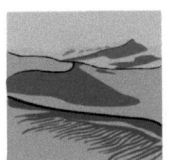

kõrb
....
woestijn

vulkaan
....
vulkaan

linnus
....
kasteel

vikerkaar
....
regenboog

seen
....
paddenstoel

palm
....
palmboom

sääsk
....
mug

kärbes
....
vlieg

sipelgas
....
mier

mesilane
....
bij

ämblik
....
spin

mardikas

kever

konn

kikker

orav

eekhoorn

siil

egel

jänes

haas

öökull

uil

lind

vogel

luik

zwaan

metssiga

wild zwijn

hirv

hert

põder

eland

pais

stuwdam

tuuleturbiin

windmolen

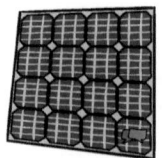

päikesepaneel

zonnepaneel

kliima

klimaat

restoran
restaurant

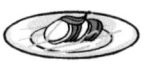

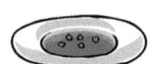

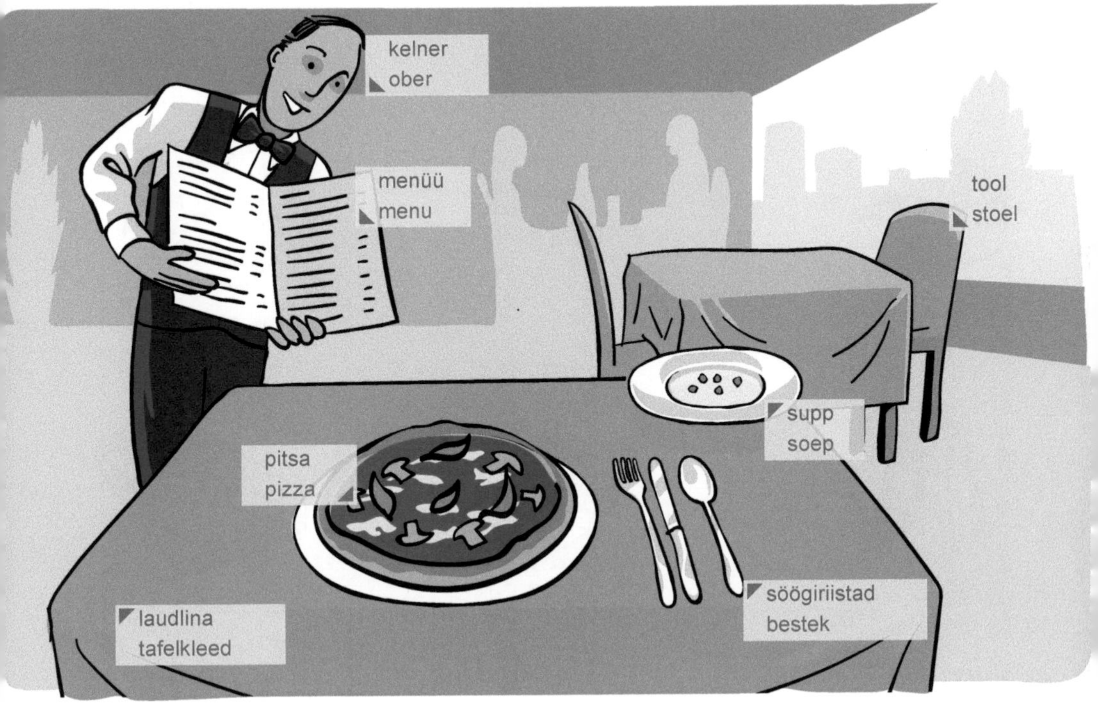
kelner
ober
menüü
menu
tool
stoel
supp
soep
pitsa
pizza
söögiriistad
bestek
laudlina
tafelkleed

eelroog

voorgerecht

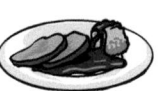

pearoog

hoofdgerecht

magustoit

toetje

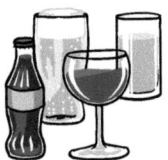

joogid

dranken

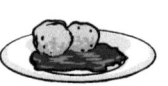

toit

eten

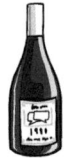

pudel

fles

kiirtoit

fastfood

tänavatoit

eetkraampje

teekann

theepot

suhkrutoos

suikerpot

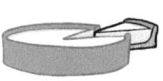

portsjon

portie

espressomasin

espressomachine

lastetool

kinderstoel

arve

rekening

kandik

dienblad

nuga

mes

kahvel

vork

lusikas

lepel

teelusikas

theelepel

salvrätik

servet

klaas

glas

taldrik
bord

supitaldrik
soepbord

alustass
schotel

kaste
saus

soolatoos
zoutvaatje

pipraveski
pepermolen

äädikas
azijn

õli
olie

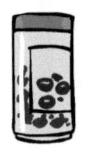

vürtsid
kruiden

ketšup
ketchup

sinep
mosterd

majonees
mayonaise

supermarket

supermarkt

eripakkumine
aanbieding
FOR
klient
klant
piimatooted
zuivelproducten
puuviljad
fruit
ostukäru
winkelwagen

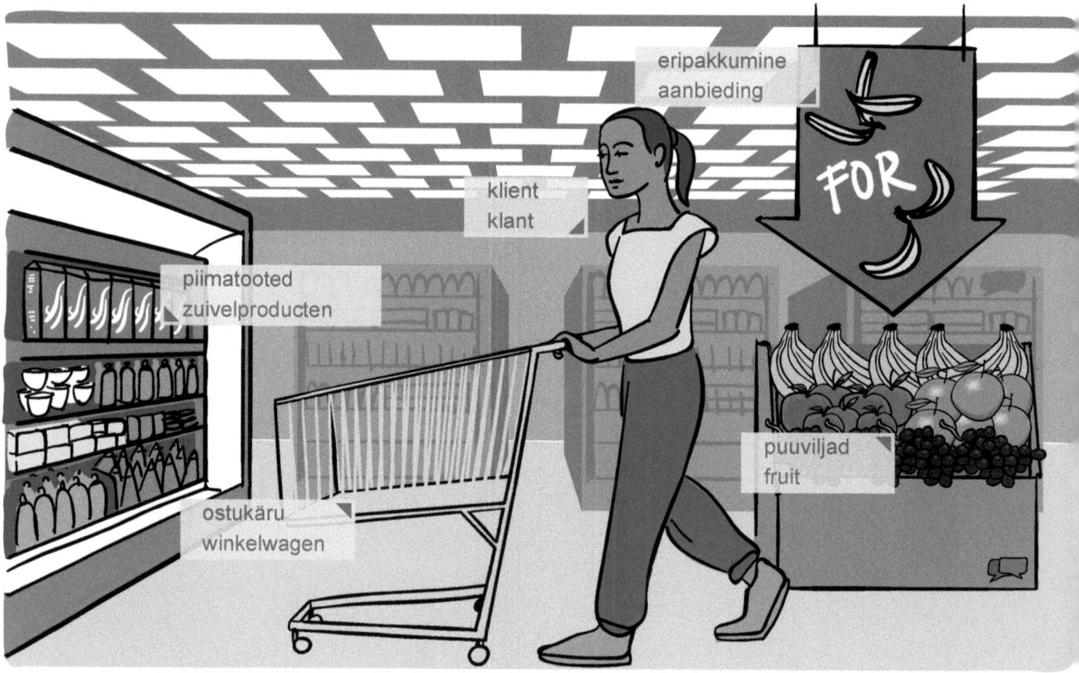

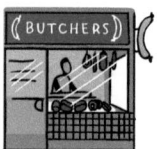

BUTCHERS

lihapood

slager

BAKERY

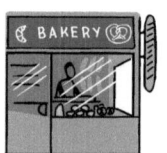

pagariäri

bakkerij

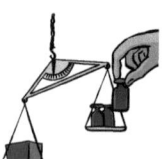

kaaluma

wegen

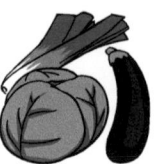

köögiviljad

groente

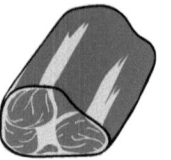

liha

vlees

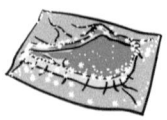

külmutatud toit

diepvriesproducten

lihalõigud

vleeswaren

konservid

conserven

pesupulber

wasmiddel

maiustused

snoepgoed

majatarbed

huishoudelijke artikelen

puhastustooted

schoonmaakmiddel

müüja

verkoopster

kassaaparaat

kassa

kassapidaja

kassier

ostunimekiri

boodschappenlijstje

lahtiolekuajad

openingstijden

rahakott

portefeuille

krediitkaart

creditkaart

kott

tas

kilekott

plastic zak

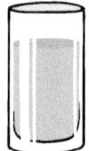

vesi

water

mahl

sap

piim

melk

koola

cola

vein

wijn

õlu

bier

alkohol

alcohol

kakao

chocolademelk

tee

thee

kohv

koffie

espresso

espresso

cappuccino

cappuccino

banaan

banaan

õun

appel

apelsin

sinaasappel

arbuus

watermeloen

sidrun

citroen

porgand

wortel

küüslauk

knoflook

bambus

bamboe

sibul

ui

seen

paddenstoel

pähklid

noten

nuudlid

pasta

spagetid

spaghetti

riis

rijst

salat

salade

friikartulid

friet

praekartulid

gebakken aardappelen

pitsa

pizza

hamburger

hamburger

võileib

sandwich

šnitsel

schnitzel

sink

ham

salaami

salami

vorst

worst

kana

kip

praeliha

gebraad

kala

vis

kaerahelbed

havermout

müsli

muesli

maisihelbed

cornflakes

jahu

meel

sarvesai

croissant

kukkel

broodjes

leib

brood

röstsai

toast

küpsised

koekjes

või

boter

kohupiim

kwark

kook

taart

muna

ei

praemuna

gebakken ei

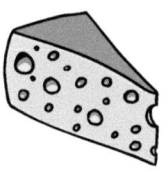

juust

kaas

jäätis

ijs

suhkur

suiker

mesi

honing

moos

jam

pähklivõie

chocoladepasta

karri

kerrie

talu
boerderij

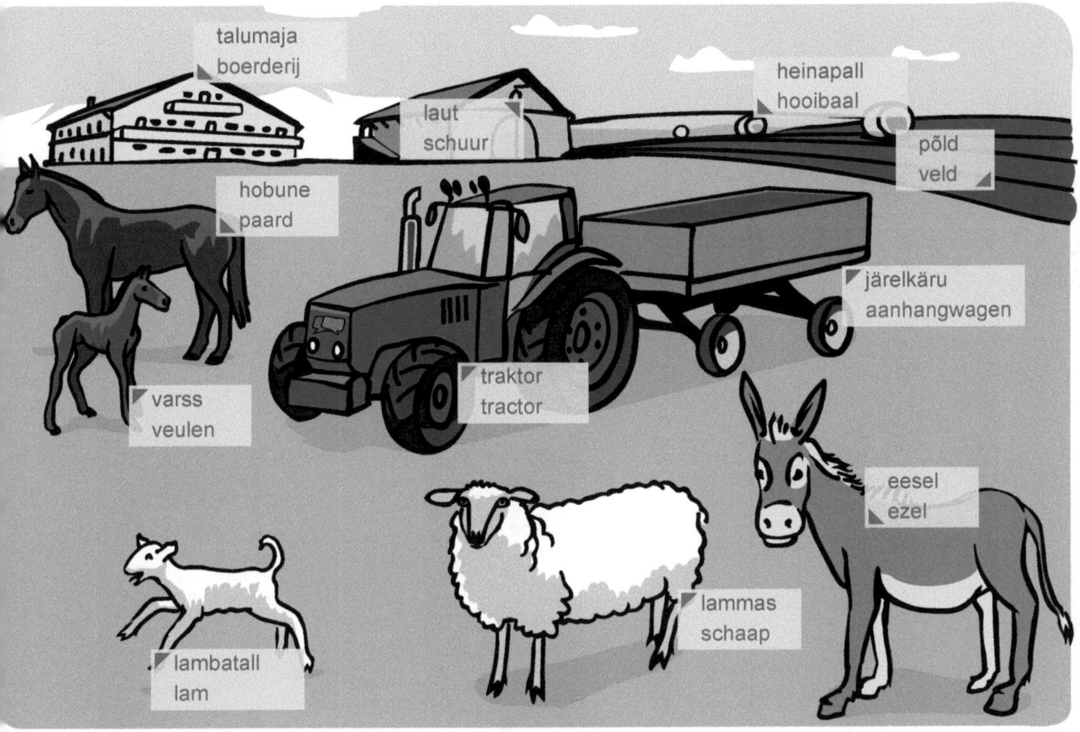
talumaja
boerderij
laut
schuur
heinapall
hooibaal
põld
veld
hobune
paard
järelkäru
aanhangwagen
traktor
tractor
varss
veulen
eesel
ezel
lammas
schaap
lambatall
lam

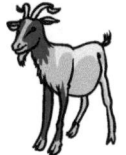

kits
geit

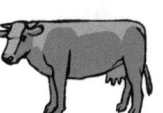

lehm
koe

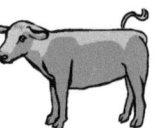

vasikas
kalf

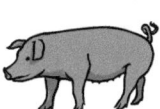

siga
varken

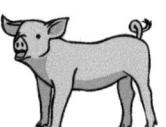

põrsas
big

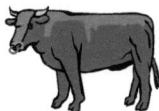

pull
stier

hani
....
gans

part
....
eend

tibu
....
kuiken

kana
....
kip

kukk
....
haan

rott
....
rat

kass
....
kat

hiir
....
muis

härg
....
os

koer
....
hond

koerakuut
....
hondenhok

aiavoolik
....
tuinslang

kastekann
....
gieter

vikat
....
zeis

ader
....
ploeg

sirp

sikkel

kõblas

schoffel

hang

hooivork

kirves

bijl

käru

kruiwagen

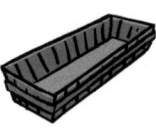

küna

trog

piimanõu

melkbus

kott

zak

tara

hek

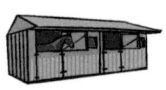

tall

stal

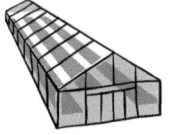

kasvuhoone

broeikas

muld

grond

seeme

zaad

väetis

mest

kombain

maaidorser

saaki koristama
oogsten

saagikoristus
oogst

jamss
yam

nisu
tarwe

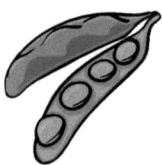

soja
soja

kartul
aardappel

mais
maïs

raps
koolzaad

viljapuu
fruitboom

maniokk
maniok

teravili
granen

maja
huis

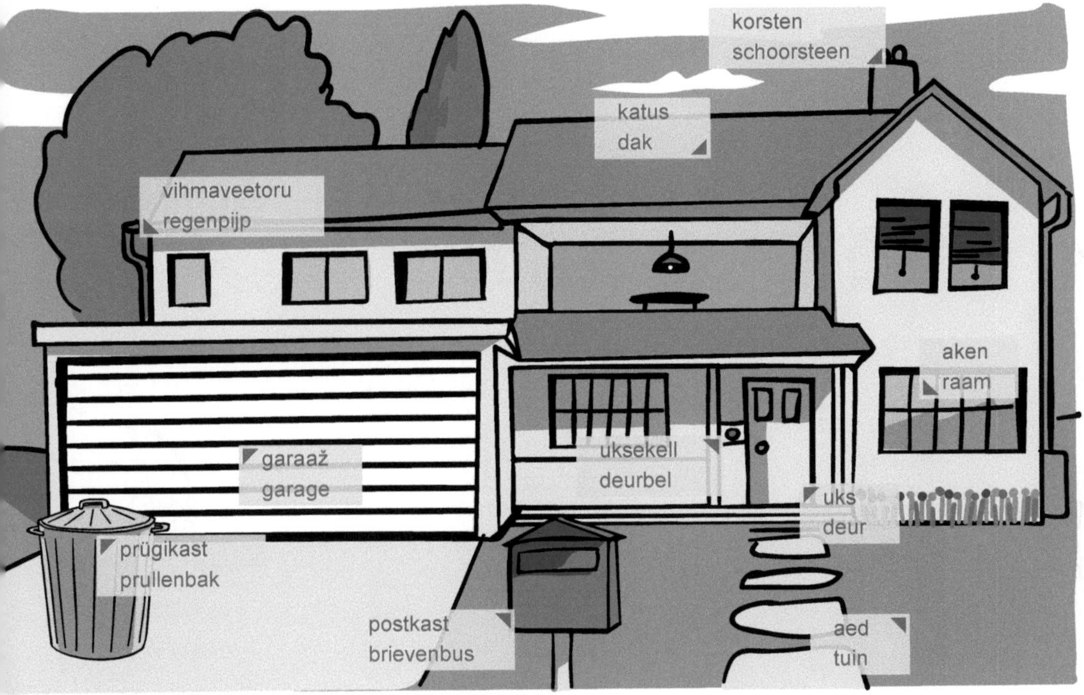
korsten
schoorsteen
katus
dak
vihmaveetoru
regenpijp
aken
raam
uksekell
deurbel
garaaž
garage
uks
deur
prügikast
prullenbak
postkast
brievenbus
aed
tuin

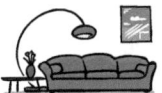

elutuba

woonkamer

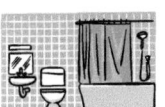

vannituba

badkamer

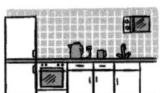

köök

keuken

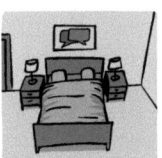

magamistuba

slaapkamer

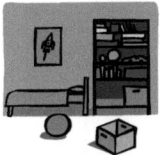

lastetuba

kinderkamer

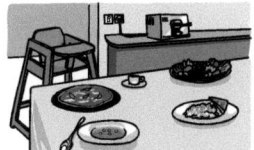

söögituba

eetkamer

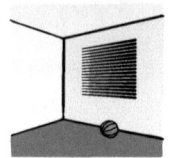

põrand
vloer

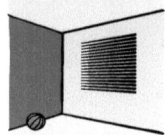

sein
muur

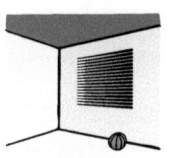

lagi
plafond

kelder
kelder

saun
sauna

rõdu
balkon

terrass
terras

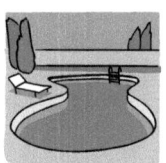

bassein
zwembad

muruniiduk
grasmaaier

voodilina
laken

päevatekk
bedsprei

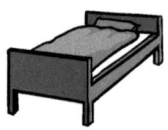

voodi
bed

luud
bezem

ämber
emmer

lüliti
schakelaar

elutuba

woonkamer

tapeet
behang
pilt
foto
lamp
lamp
riiul
plank
kapp
kast
televiisor
televisie
kamin
open haard
lill
bloem
padi
kussen
diivan
bankstel
vaas
vaas
kaugjuhtimispult
afstandsbediening

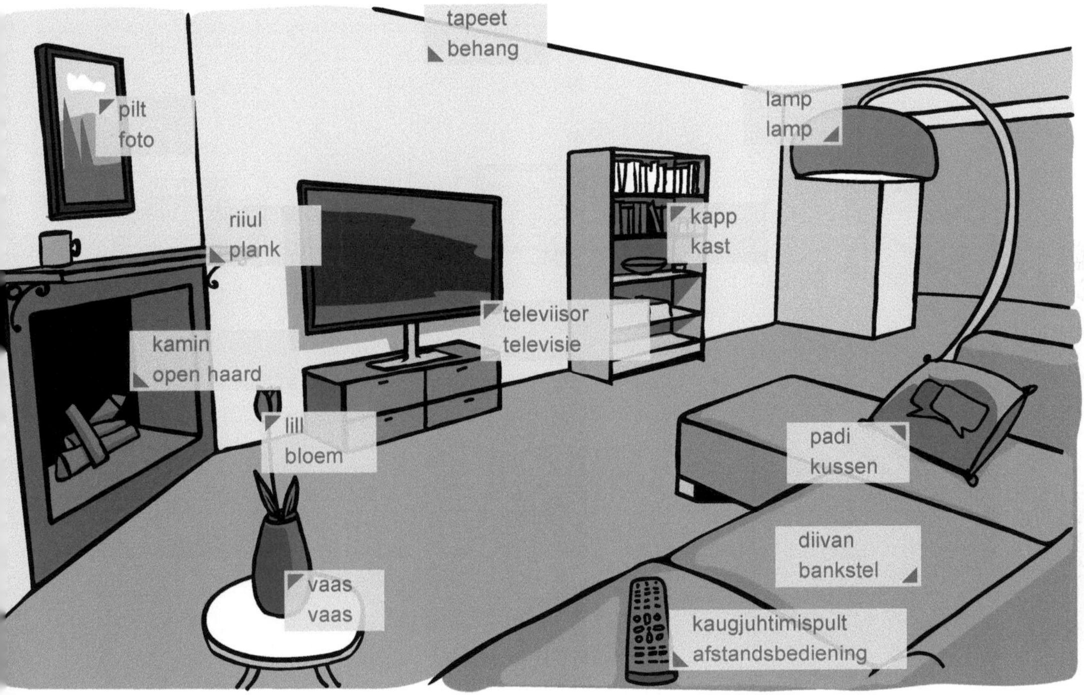

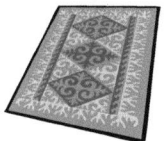

vaip

tapijt

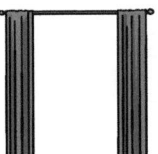

kardin

gordijn

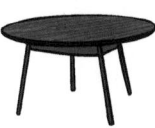

laud

tafel

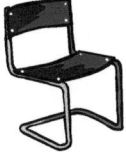

tool

stoel

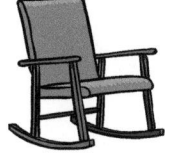

kiiktool

schommelstoel

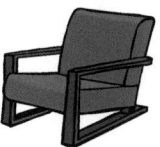

tugitool

stoel

raamat

boek

tekk

deken

kaunistus

decoratie

küttepuud

brandhout

film

film

helisüsteem

stereo-installatie

võti

sleutel

ajaleht

krant

maal

schilderij

plakat

poster

raadio

radio

märkmik

kladblok

tolmuimeja

stofzuiger

kaktus

cactus

küünal

kaars

köök
keuken

külmik
koelkast
mikrolaineahi
magnetron
köögikaal
keukenweegschaal
röster
toaster
pesuvahend
schoonmaakmiddel
ahi
oven
sügavkülmik
vriesvak
prügikast
prullenbak
nõudepesumasin
vaatwasser

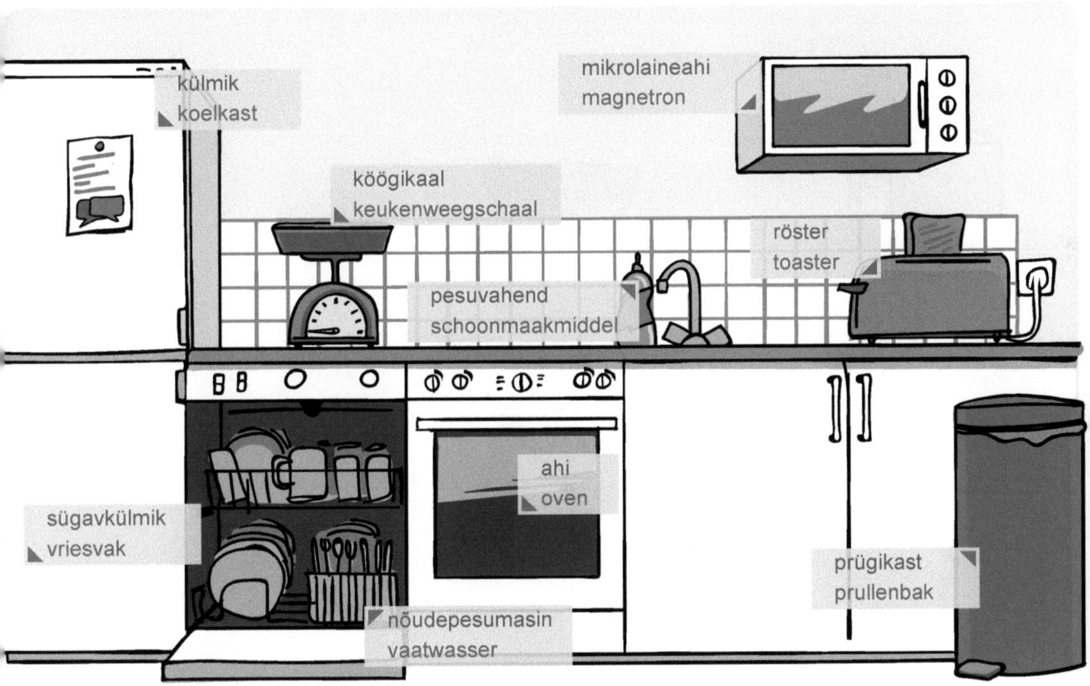

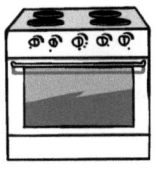

pliit

fornuis

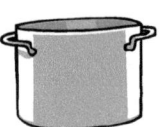

pott

pan

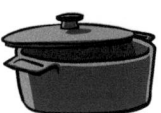

malmpott

gietijzeren pan

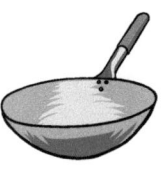

vokkpann

wok / kadai

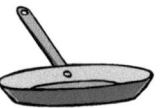

pann

koekenpan

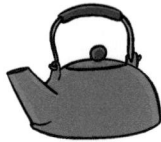

veekeetja

ketel

aurutaja

stoomkoker

küpsetusplaat

bakplaat

lauanõud

servies

kruus

beker

kauss

kom

söögipulgad

eetstokjes

kulp

soeplepel

pannilabidas

spatel

vispel

garde

kurn

vergiet

sõel

zeef

riiv

rasp

uhmer

vijzel

grill

barbecue

lahtine tuli

vuurhaard

lõikelaud
snijplank

tainarull
deegroller

korgitser
kurkentrekker

konservipurk
blik

konserviavaja
blikopener

pajakinnas
pannenlap

kraanikauss
wasbak

hari
borstel

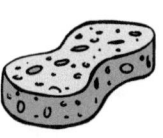

pesukäsn
spons

kannmikser
blender

sügavkülmuti
vriezer

lutipudel
babyflesje

segisti
kraan

vannituba

badkamer

küte
verwarming
käterätik
handdoek
mullivann
bubbelbad
vann
bad
pesumasin
wasmachine
pissipott
potje
plaadid
tegels
dušš
douche
dušikardin
douchegordijn
klaas
glas
segisti
kraan
kraanikauss
wasbak

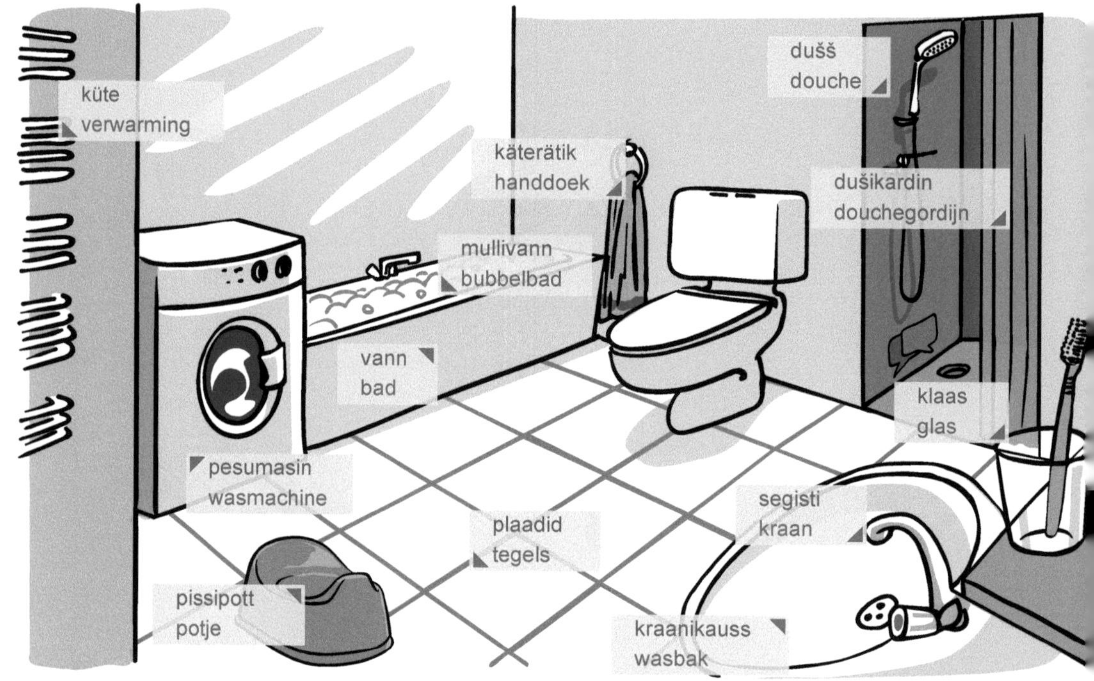

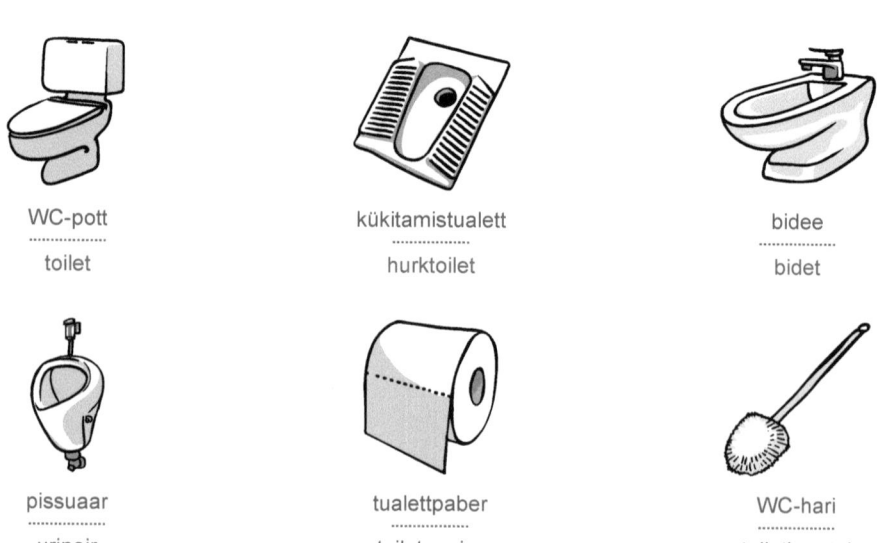

WC-pott

toilet

kükitamistualett

hurktoilet

bidee

bidet

pissuaar

urinoir

tualettpaber

toiletpapier

WC-hari

toiletborstel

hambahari

tandenborstel

hambapasta

tandpasta

hambaniit

flosdraad

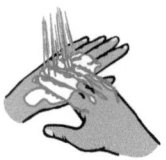

pesema

wassen

käsidušš

handdouche

intiimdušš

toiletdouche

pesukauss

waskom

seljahari

rugborstel

seep

zeep

dušigeel

douchegel

šampoon

shampoo

vamm

washanje

äravool

afvoer

kreem

creme

deodorant

deodorant

peegel
spiegel

käsipeegel
make-upspiegel

habemenuga
scheermes

raseerimisvaht
scheerschuim

habemevesi
aftershave

kamm
kam

hari
borstel

föön
haardroger

juukselakk
haarspray

meigikomplekt
make-up

huulepulk
lippenstift

küünelakk
nagellak

vatt
watten

küünekäärid
nagelschaartje

parfüüm
parfum

tualett-tarvete kott
....
toilettas

taburet
....
kruk

kaal
....
weegschaal

hommikumantel
....
badjas

kummikindad
....
rubber handschoenen

tampoon
....
tampon

hügieeniside
....
maandverband

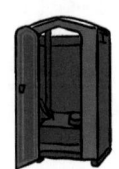

keemiline tualett
....
chemisch toilet

lastetuba
kinderkamer

äratuskell
wekker
pehme mänguasi
knuffeldier
mänguauto
speelgoedauto
kõristi
rammelaar
nukumaja
poppenhuis
kingitus
cadeau

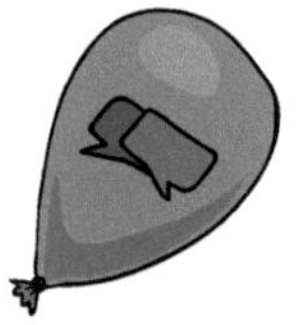

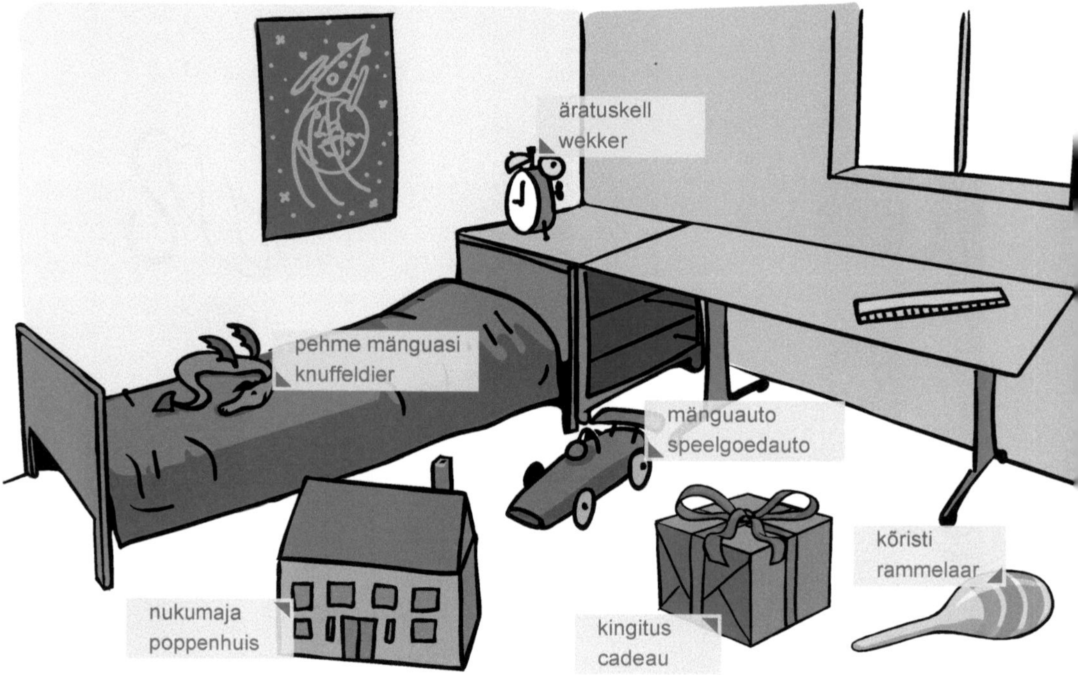

õhupall

ballon

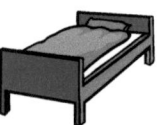

voodi

bed

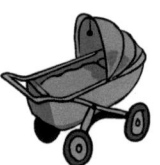

lapsevanker

kinderwagen

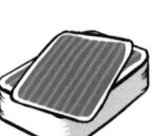

kaardipakk

kaartspel

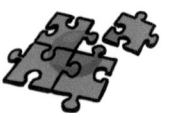

pusle

puzzel

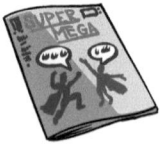

koomiks

stripverhaal

Lego klotsid

legostenen

klotsid

speelgoedblokken

kujuke

actiefiguurtje

siputuspüksid

romper

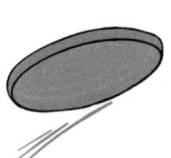

lendav taldrik

frisbee

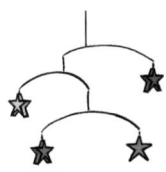

voodikarussell

mobile

lauamäng

bordspel

täringud

dobbelsteen

mudelrong

modeltrein

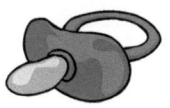

lutt

speen

pidu

feestje

pildiraamat

prentenboek

pall

bal

nukk

pop

mängima

spelen

liivakast
zandbak

kiik
schommel

mänguasjad
speelgoed

mängukonsool
spelcomputer

kolmerattaline jalgratas
driewieler

mängukaru
teddybeer

riidekapp
kleerkast

riietus
kleding

sokid
sokken

sukad
kousen

sukkpüksid
panty

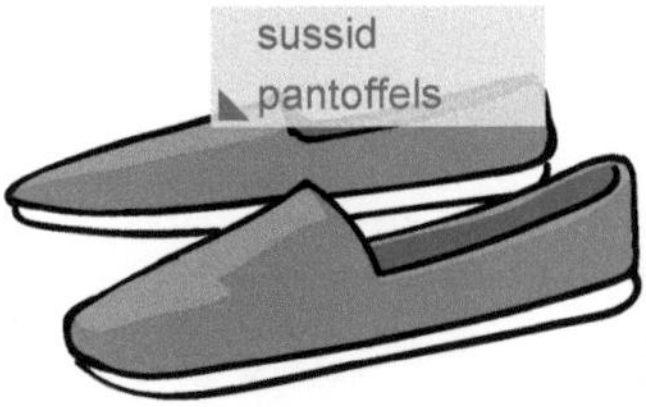

sall
sjaal

vöö
riem

vihmavari
paraplu

T-särk
T-shirt

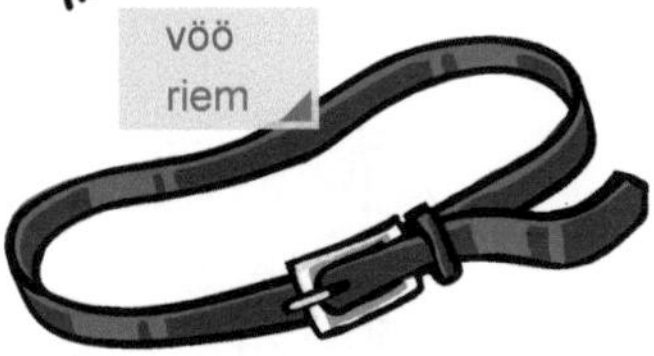

saapad
laarzen

sussid
pantoffels

tossud
sportschoenen

sandaalid
sandalen

jalatsid
schoenen

kummikud
rubberlaarzen

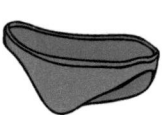
aluspüksid
onderbroek

rinnahoidja
beha

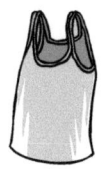
vest
onderhemd

bodi

body

püksid

broek

teksapüksid

spijkerbroek

seelik

rok

pluus

blouse

särk

overhemd

sviiter

trui

dressipluus

hoody

bleiser

blazer

jakk

jas

mantel

mantel

vihmamantel

regenjas

kostüüm

kostuum

kleit

jurk

pulmakleit

trouwjurk

ülikond

pak

öösärk

nachthemd

pidžaama

pyjama

sari

sari

pearätt

hoofddoek

turban

tulband

burka

boerka

kaftan

kaftan

abayah

abaja

ujumistrikoo

zwempak

ujumispüksid

zwembroek

lühikesed püksid

korte broek

dressid

trainingspak

põll

schort

kindad

handschoenen

nööp

knoop

prillid

bril

käevõru

armband

kaelakee

ketting

sõrmus

ring

kõrvarõngas

oorbel

nokamüts

pet

riidepuu

kledinghanger

kaabu

hoed

lips

stropdas

tõmblukk

rits

kiiver

helm

traksid

bretels

koolivorm

schooluniform

vormirõivad

uniform

pudipõll
....
slabbetje

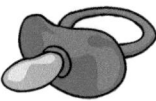

lutt
....
speen

mähe
....
luier

kontor
kantoor

server
server

arhiivikapp
archiefkast

printer
printer

monitor
beeldscherm

paber
papier

hiir
muis

kirjutuslaud
bureau

kaust
map

klaviatuur
toetsenbord

paberikorv
prullenmand

arvuti
computer

tool
stoel

kohvikruus
....
koffiemok

kalkulaator
....
rekenmachine

internet
....
internet

sülearvuti

laptop

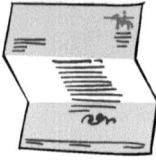

kiri

brief

sõnum

bericht

mobiiltelefon

mobiele telefoon

võrk

netwerk

koopiamasin

kopieermachine

tarkvara

software

telefon

telefoon

pistikupesa

stopcontact

faksimasin

fax

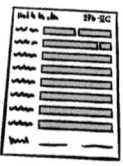

vorm

formulier

dokument

document

ostma

kopen

maksma

betalen

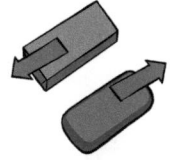

vahetama

handel drijven

raha

geld

USD

dollar

dollar

EUR

euro

euro

JPY

jeen

yen

RUB

rubla

roebel

CHF

Šveitsi frank

Zwitserse frank

CNY

renminbi jüaan

renminbi yuan

INR

ruupia

roepie

sularahaautomaat

geldautomaat

valuutavahetuspunkt

wisselkantoor

kuld

goud

hõbe

zilver

nafta

olie

energia

energie

hind

prijs

leping

contract

maks

belasting

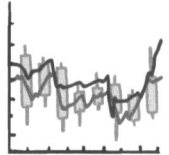

aktsia

aandeel

töötama

werken

töötaja

werknemer

tööandja

werkgever

tehas

fabriek

kauplus

winkel

majandus - economie

ametid
beroepen

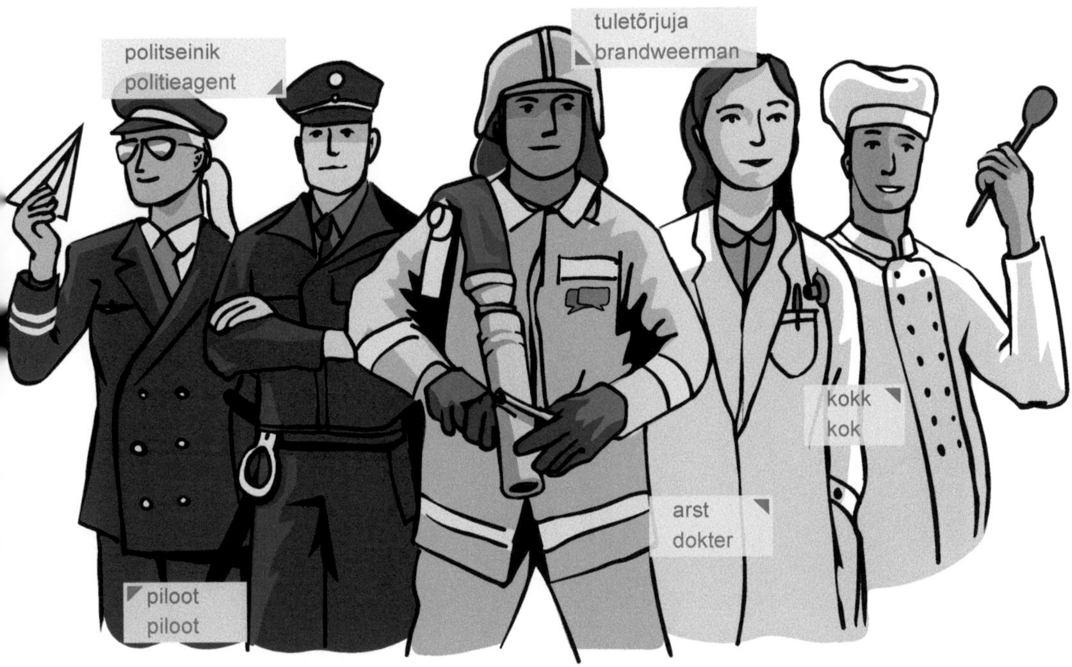
politseinik
politieagent
tuletõrjuja
brandweerman
kokk
kok
arst
dokter
piloot
piloot

aednik

tuinman

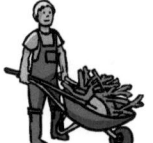

puusepp

timmerman

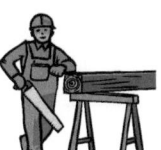

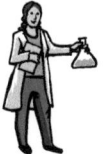

õmbleja

naaister

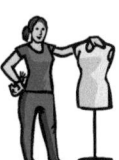

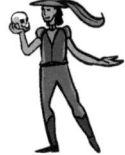

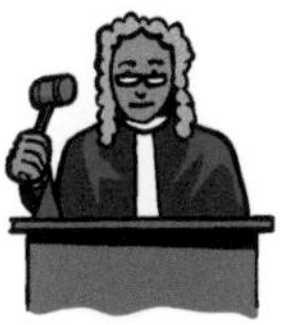

kohtunik

rechter

keemik

scheikundige

näitleja

toneelspeler

bussijuht

buschauffeur

taksojuht

taxichauffeur

kalamees

visser

koristaja

schoonmaakster

katusepaigaldaja

dakdekker

kelner

ober

jahimees

jager

maaler

schilder

pagar

bakker

elektrik

elektricien

ehitaja

bouwvakker

insener

ingenieur

lihunik

slager

torumees

loodgieter

postiljon

postbode

sõdur

soldaat

arhitekt

architect

kassapidaja

kassier

lillemüüja

bloemist

juuksur

kapper

piletikontrolör

conducteur

mehaanik

monteur

kapten

kapitein

hambaarst

tandarts

teadlane

wetenschapper

rabi

rabbi

imaam

imam

munk

monnik

preester

pastoor

tööriistad

gereedschap

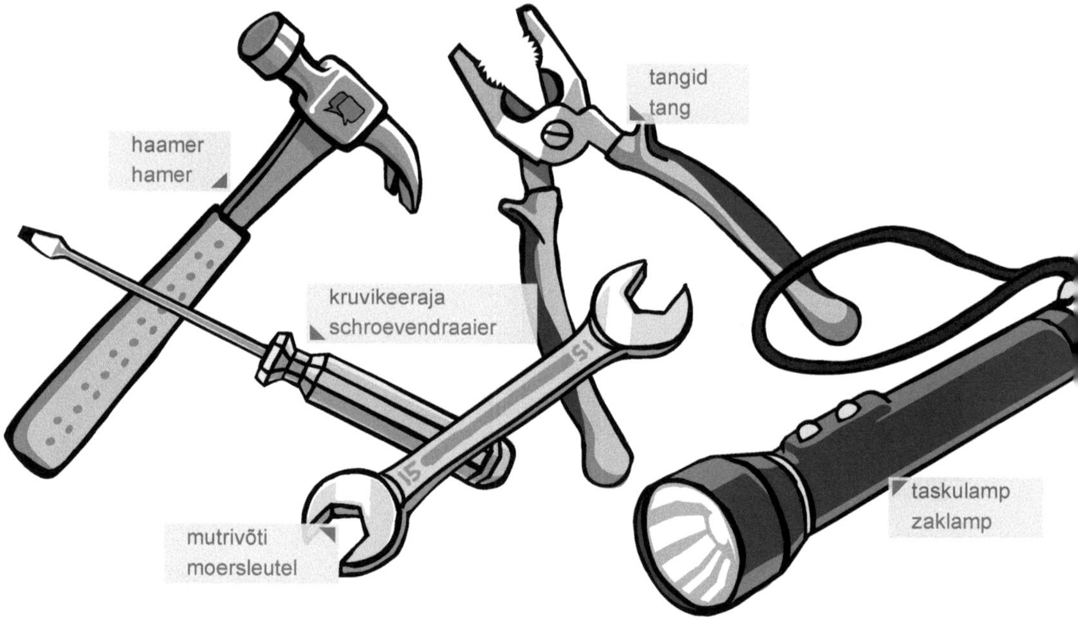
haamer
hamer
tangid
tang
kruvikeeraja
schroevendraaier
taskulamp
zaklamp
mutrivõti
moersleutel

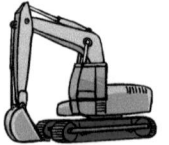

ekskavaator

graafmachine

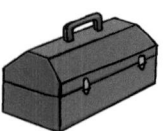

tööriistakast

gereedschapskist

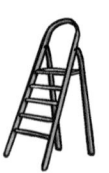

redel

ladder

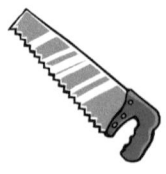

saag

zaag

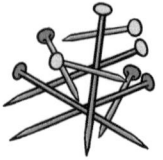

naelad

spijkers

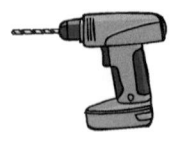

trell

boor

parandama

repareren

labidas

schep

Põrgusse!

Verdorie!

kühvel

stofblik

värvipott

verfpot

kruvid

schroeven

pillid
muziekinstrumenten

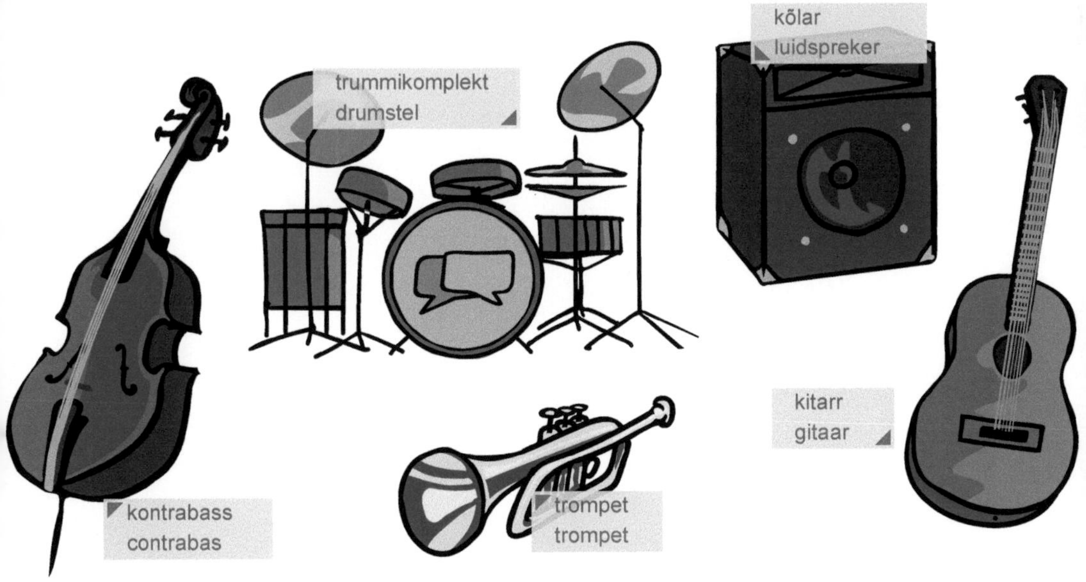

kõlar
luidspreker

trummikomplekt
drumstel

kitarr
gitaar

kontrabass
contrabas

trompet
trompet

klaver

piano

viiul

viool

bass

bas

timpan

pauk

trummid

trommel

süntesaator

keyboard

saksofon

saxofoon

flööt

fluit

mikrofon

microfoon

loomaaed
dierentuin

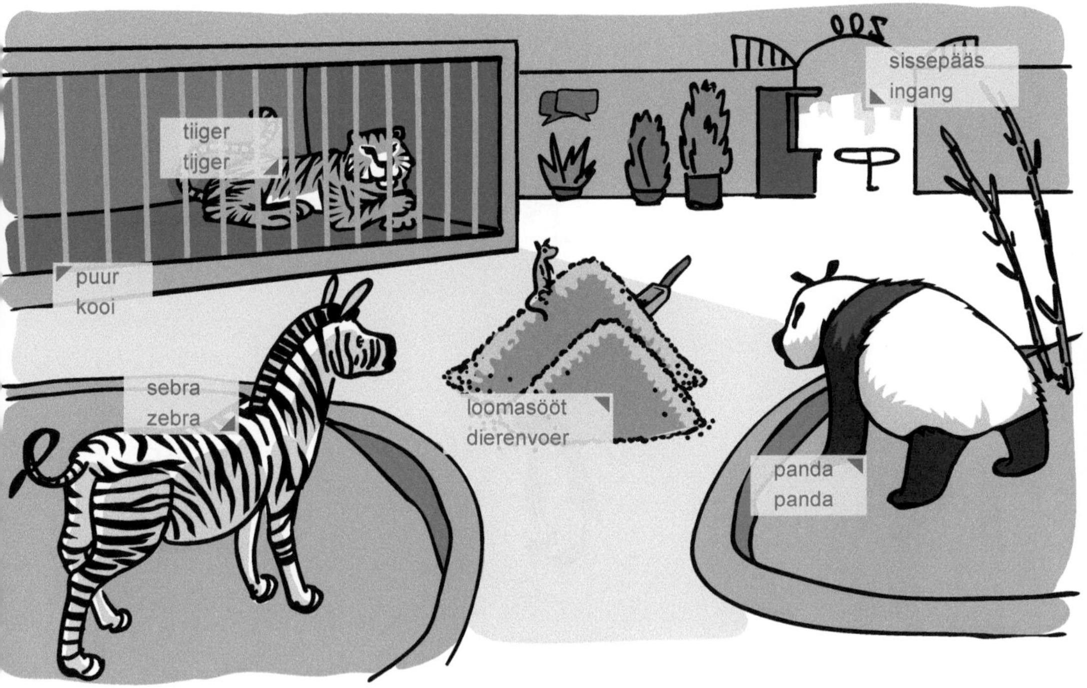
sissepääs
ingang
tiiger
tijger
puur
kooi
sebra
zebra
loomasööt
dierenvoer
panda
panda

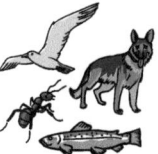

loomad

dieren

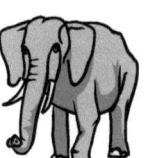

elevant

olifant

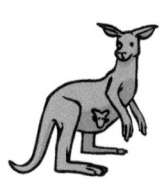

känguru

kangoeroe

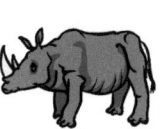

ninasarvik

neushoorn

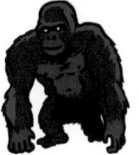

gorilla

gorilla

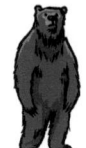

karu

beer

kaamel

kameel

jaanalind

struisvogel

lõvi

leeuw

ahv

aap

flamingo

flamingo

papagoi

papegaai

jääkaru

ijsbeer

pingviin

pinguïn

hai

haai

paabulind

pauw

madu

slang

krokodill

krokodil

loomaaiatalitaja

dierenverzorger

hüljes

zeehond

jaaguar

jaguar

loomaaed - dierentuin

poni

pony

leopard

luipaard

jõehobu

nijlpaard

kaelkirjak

giraffe

kotkas

adelaar

metssiga

wild zwijn

kala

vis

kilpkonn

schildpad

morsk

walrus

rebane

vos

gasell

gazelle

Ameerika jalgpall
American football

jalgrattasõit
wielrennen

tennis
tennis

korvpall
basketbal

ujumine
zwemmen

poksimine
boksen

jäähoki
ijshockey

jalgpall
voetbal

sulgpall
badminton

kergejõustik
atletiek

käsipall
handbal

suusatamine
skiën

polo
polo

tegevused
activiteiten

naerma
lachen
hüppama
springen
kallistama
knuffelen
jalutama
lopen
laulma
zingen
unistama
dromen
palvetama
bidden
suudlema
kussen

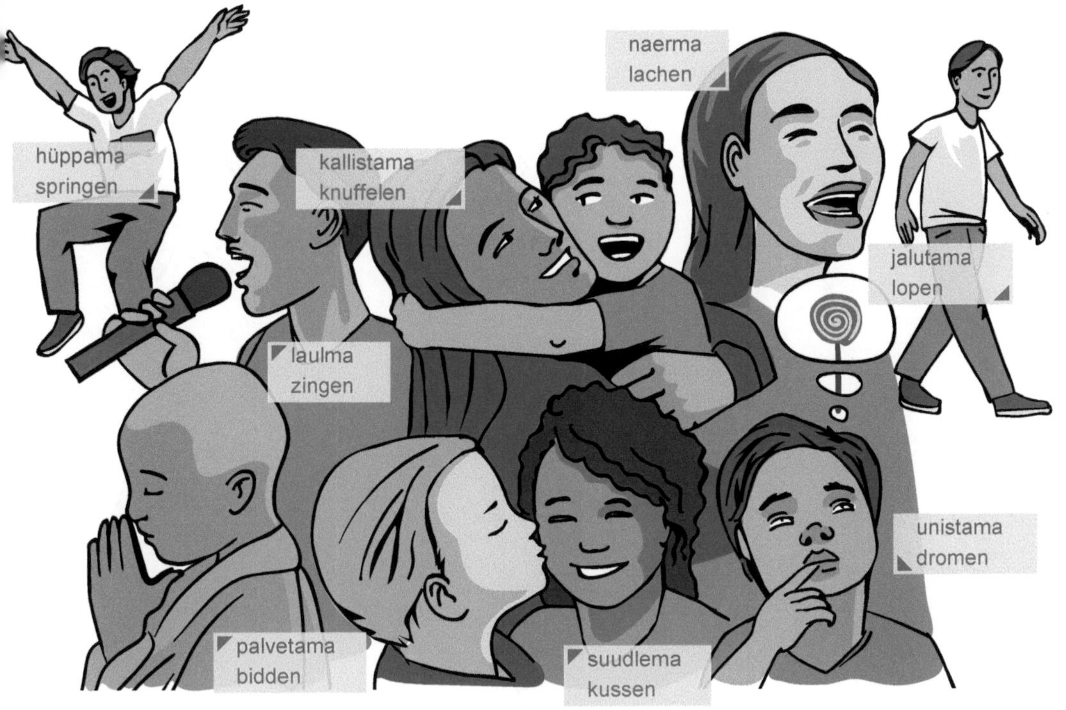

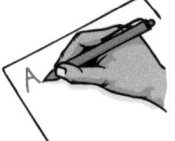

kirjutama
schrijven

joonistama
tekenen

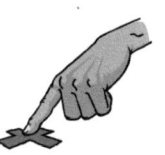

näitama
tonen

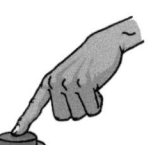

lükkama
duwen

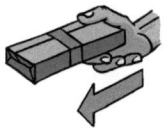

andma
geven

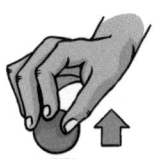

võtma
oppakken

omama

hebben

tegema

doen

olema

zijn

seisma

staan

jooksma

rennen

tõmbama

trekken

viskama

gooien

kukkuma

vallen

lamama

liggen

ootama

wachten

kandma

dragen

istuma

zitten

riidesse panema

aankleden

magama

slapen

ärkama

wakker worden

vaatama

bekijken

nutma

huilen

paitama

strelen

kammima

kammen

rääkima

praten

aru saama

begrijpen

küsima

vragen

kuulama

horen

jooma

drinken

sööma

eten

korrastama

opruimen

armastama

houden van

süüa tegema

koken

sõitma

rijden

lendama

vliegen

purjetama

zeilen

arvutama

rekenen

lugema

lezen

õppima

leren

töötama

werken

abielluma

trouwen

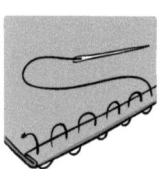

õmblema

naaien

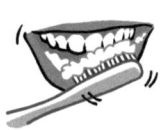

hambaid pesema

tandenpoetsen

tapma

doden

suitsetama

roken

saatma

verzenden

vanaema
grootmoeder

vanaisa
grootvader

isa
vader

ema
moeder

imik
baby

tütar
dochter

poeg
zoon

külaline

gast

tädi

tante

onu

oom

vend

broer

õde

zus

perekond - familie

67

keha
lichaam

otsmik
voorhoofd
silm
oog
õlg
schouder
sõrm
vinger
nägu
gezicht
lõug
kin
käsi
hand
jalg
been
rind
borst
käsivars
arm

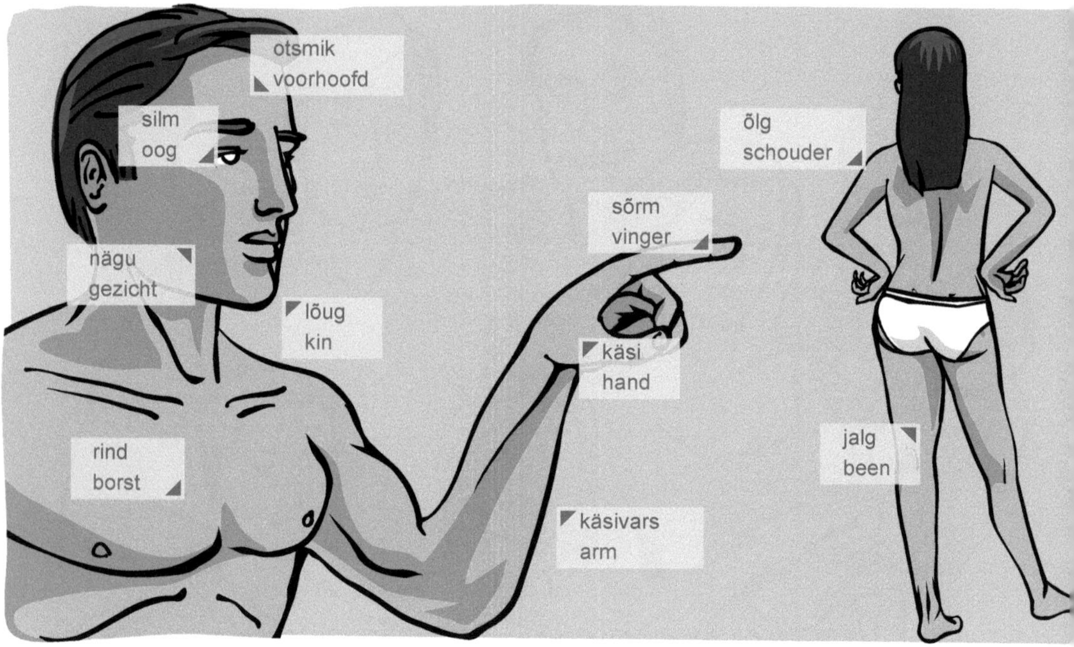

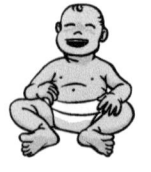

imik
baby

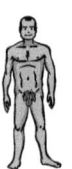

mees
man

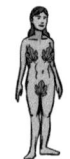

naine
vrouw

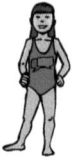

tüdruk
meisje

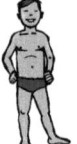

poiss
jongen

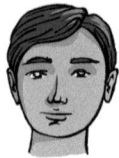

pea
hoofd

selg
rug

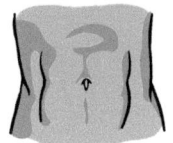

kõht
buik

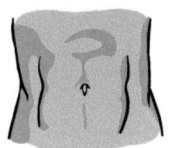

naba
navel

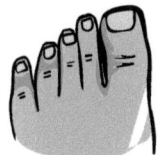

varvas
teen

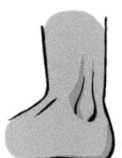

kand
hiel

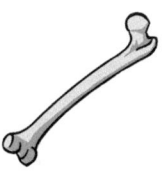

luu
bot

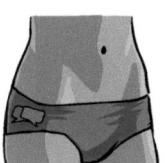

puus
heup

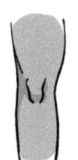

põlv
knie

küünarnukk
elleboog

nina
neus

tagumik
achterwerk

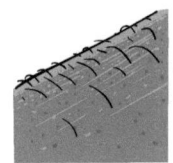

nahk
huid

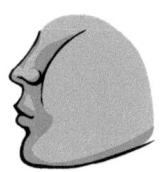

põsk
wang

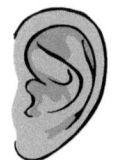

kõrv
oor

huuled
lippen

suu
mond

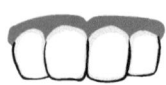

hammas
tand

keel
tong

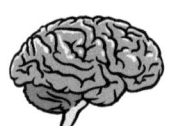

aju
hersenen

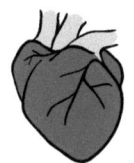

süda
hart

lihas
spier

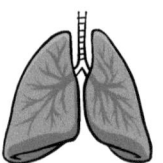

kops
long

maks
lever

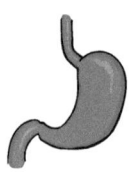

magu
maag

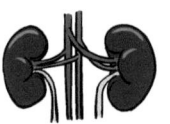

neerud
nieren

seksuaalvahekord
geslachtsgemeenschap

kondoom
condoom

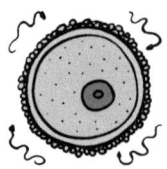

munarakk
eicel

sperma
sperma

rasedus
zwangerschap

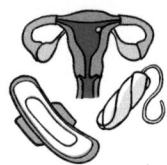

menstruatsioon
menstruatie

vagiina
vagina

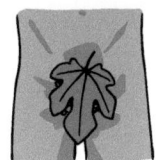

peenis
penis

kulm
wenkbrauw

juuksed
haar

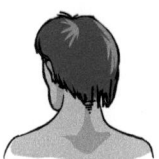

kael
hals

haigla
ziekenhuis

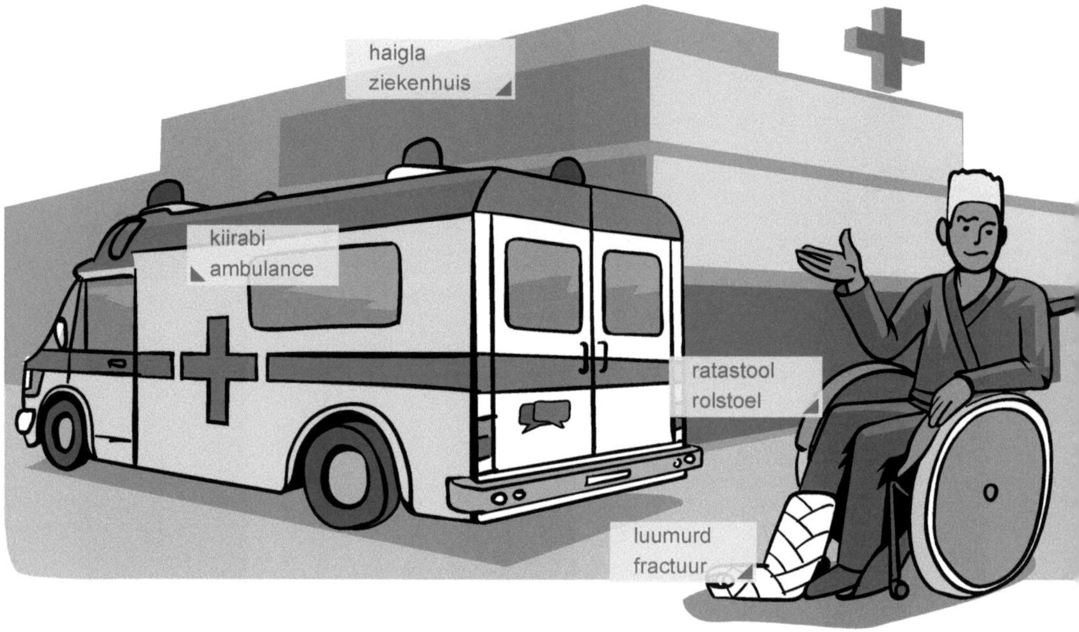

haigla
ziekenhuis
kiirabi
ambulance
ratastool
rolstoel
luumurd
fractuur

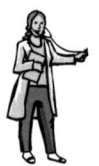

arst

dokter

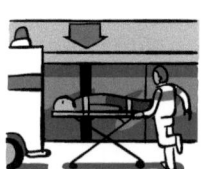

traumapunkt

EHBO

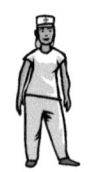

meditsiiniõde

verpleegster

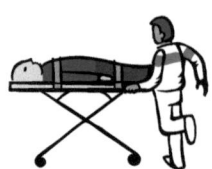

hädaolukord

noodgeval

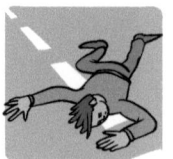

teadvuseta

bewusteloos

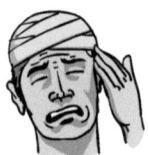

valu

pijn

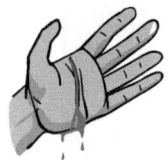

vigastus

verwonding

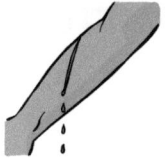

verejooks

bloeding

südamerabandus

hartaanval

insult

beroerte

allergia

allergie

köha

hoest

palavik

koorts

gripp

griep

kõhulahtisus

diarree

peavalu

hoofdpijn

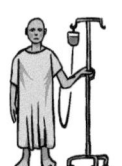

vähk

kanker

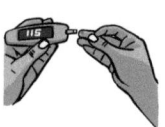

diabeet

diabetes

kirurg

chirurg

skalpell

scalpel

operatsioon

operatie

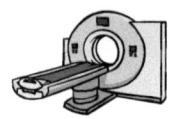

KT
CT

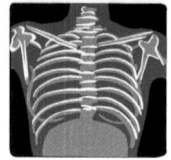

röntgen
röntgen

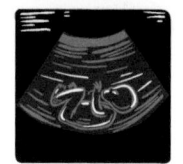

ultraheli
echografie

mask
gezichtsmasker

haigus
ziekte

ooteruum
wachtkamer

kark
kruk

kips
pleister

side
verband

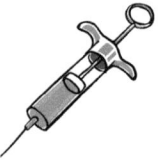

süst
injectie

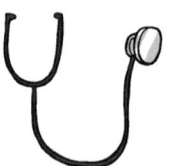

stetoskoop
stethoscoop

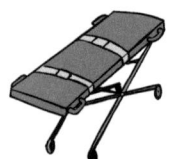

kanderaam
brancard

kraadiklaas
thermometer

sünd
geboorte

ülekaaluline
overgewicht

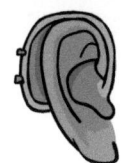

kuuldeaparaat

gehoorapparaat

desinfektsioonivahend

ontsmettingsmiddel

põletik

infectie

viirus

virus

HIV / AIDS

HIV / AIDS

meditsiin

medicijn

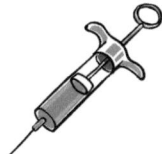

vaktsineerimine

inenting

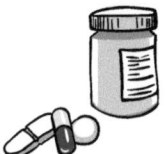

tabletid

tabletten

pill

pil

hädaabikõne

alarmnummer

vererõhuaparaat

bloeddrukmeter

haige / terve

ziek / gezond

Appi!

Help!

häire

alarm

kallaletung

overval

rünnak

aanval

oht

gevaar

avariiväljapääs

nooduitgang

Tulekahju!

Brand!

tulekustuti

brandblusser

õnnetus

ongeluk

esmaabikomplekt

EHBO-koffer

SOS

SOS

politsei

politie

Euroopa

Europa

Põhja-Ameerika

Noord-Amerika

Lõuna-Ameerika

Zuid-Amerika

Aafrika

Afrika

Aasia

Azië

Austraalia

Australië

Atlandi ookean

Atlantische Oceaan

Vaikne ookean

Stille Oceaan

India ookean

Indische Oceaan

Lõuna-Jäämeri

Zuidelijke Oceaan

Põhja-Jäämeri

Noordelijke IJszee

põhjapoolus

Noordpool

lõunapoolus

Zuidpool

Antarktika

Antarctica

Maa

aarde

maismaa

land

meri

zee

saar

eiland

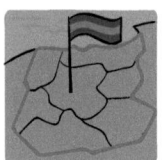

rahvus

natie

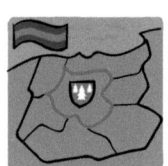

riik

staat

sihverplaat

wijzerplaat

tunniosuti

uurwijzer

minutiosuti

minutenwijzer

sekundiosuti

secondewijzer

Mis kell on?

Hoe laat is het?

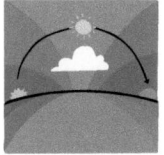

päev

dag

aeg

tijd

praegu

nu

digitaalne kell

digitaal horloge

minut

minuut

tund

uur

nädal
week

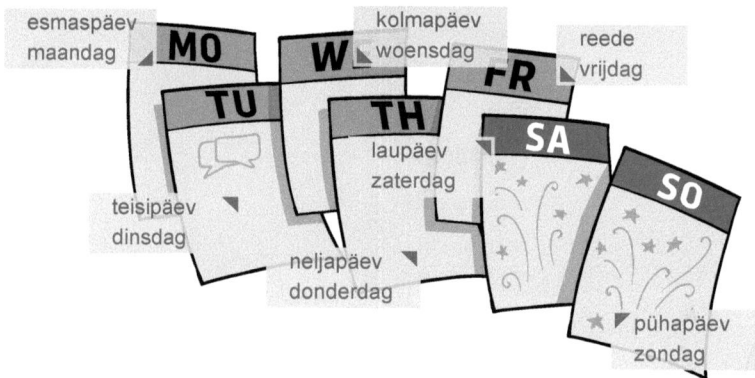

esmaspäev
maandag

MO

W woensdag
kolmapäev

TU

TH

FR vrijdag
reede

SA

SO

teisipäev
dinsdag

neljapäev
donderdag

laupäev
zaterdag

pühapäev
zondag

eile

gisteren

täna

vandaag

homme

morgen

hommik

ochtend

lõuna

middag

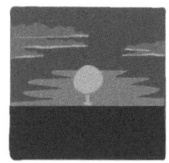

õhtu

avond

MO	TU	WE	TH	FR	SA	SU
1	2	3	4	5	6	7
8	9	10	11	12	13	14
15	16	17	18	19	20	21
22	23	24	25	26	27	28
29	30	31	1	2	3	4

tööpäevad

werkdagen

MO	TU	WE	TH	FR	SA	SU
1	2	3	4	5	6	7
8	9	10	11	12	13	14
15	16	17	18	19	20	21
22	23	24	25	26	27	28
29	30	31	1	2	3	4

nädalavahetus

weekend

aasta
jaar

vihm
regen
vikerkaar
regenboog
tuul
wind
lumi
sneeuw
kevad
voorjaar
sügis
herfst
suvi
zomer
talv
winter

4.APRIL 11°
5.APRIL 4°
6.APRIL 13°
7.APRIL 8°
8.APRIL 10°

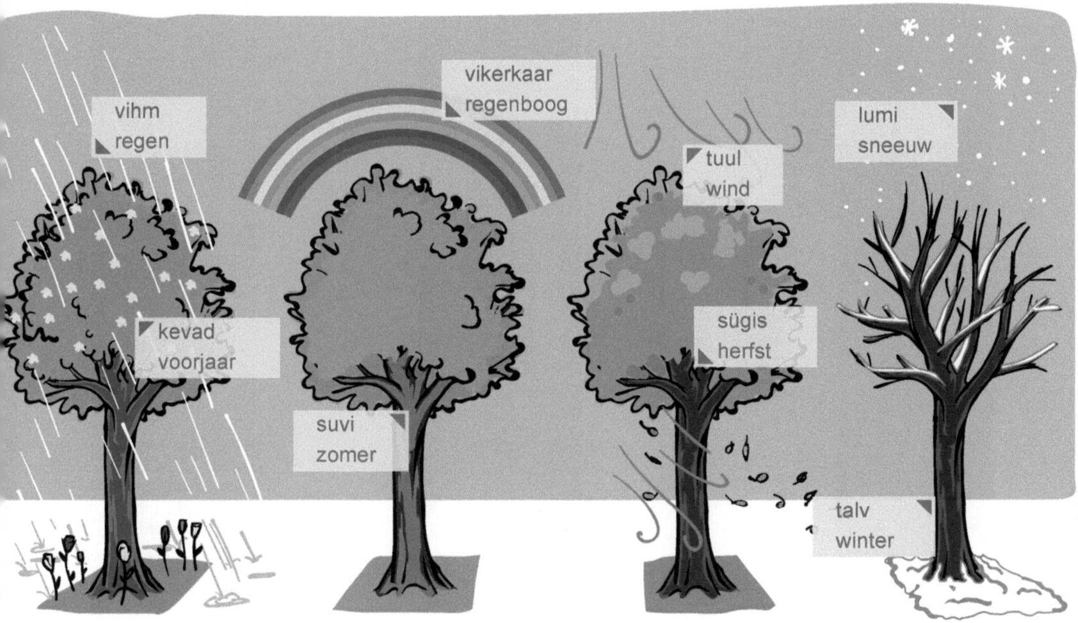

ilmaennustus

weerbericht

F C
120 40
90 30
60 20
30 10
0 0
-30 -10
-20

termomeeter

thermometer

päikesepaiste

zonneschijn

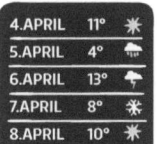

pilv

wolk

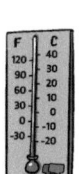

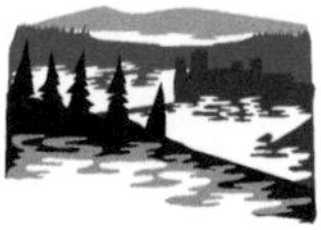

udu

mist

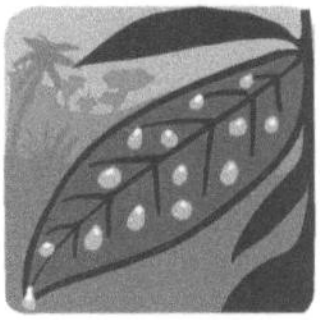

niiskus

luchtvochtigheid

pikne

bliksem

kõu

donder

torm

storm

rahe

hagel

mussoon

moesson

üleujutus

overstroming

jää

ijs

jaanuar

januari

veebruar

februari

märts

maart

aprill

april

mai

mei

juuni

juni

juuli

juli

august

augustus

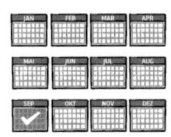

september
september

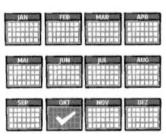

oktoober
oktober

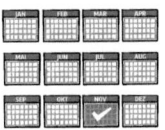

november
november

detsember
december

kujundid
vormen

ring
cirkel

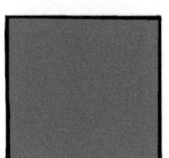

ruut
vierkant

nelinurk
rechthoek

kolmnurk
driehoek

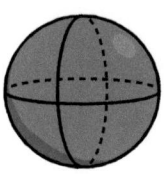

kera
bol

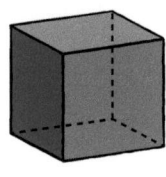

kuup
kubus

valge

wit

kollane

geel

oranž

oranje

roosa

roze

punane

rood

lilla

paars

sinine

blauw

roheline

groen

pruun

bruin

hall

grijs

must

zwart

palju / vähe

veel / weinig

vihane / rahulik

boos / rustig

ilus / inetu

mooi / lelijk

algus / lõpp

begin / einde

suur / väike

groot / klein

hele / tume

licht / donker

vend / õde

broer / zus

puhas / must

schoon / vies

täielik / puudulik

volledig / onvolledig

päev / öö

dag/ nacht

surnud / elus

dood / levend

lai / kitsas

breed / smal

söödav / mittesöödav

eetbaar / oneetbaar

kuri / sõbralik

gemeen / aardig

põnevil / tüdinud

opgewonden / verveeld

paks / peenike

dik / dun

esimene / viimane

eerste / laatste

sõber / vaenlane

vriend / vijand

täis / tühi

vol / leeg

kõva / pehme

hard / zacht

raske / kerge

zwaar / licht

nälg / janu

honger / dorst

haige / terve

ziek / gezond

ebaseaduslik / seaduslik

illegaal / legaal

tark / rumal

intelligent / dom

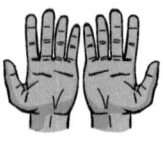

vasak / parem

links / rechts

lähedal / kaugel

dichtbij / ver

uus / kasutatud

nieuw / gebruikt

mitte midagi / midagi

niets / iets

vana / noor

oud / jong

sees / väljas

aan / uit

lahti / kinni

open / gesloten

vaikne / vali

zacht / luid

rikas / vaene

rijk / arm

õige / vale

goed / fout

kare / sile

ruw / glad

kurb / rõõmus

verdrietig / gelukkig

lühike / pikk

kort / lang

aeglane / kiire

langzaam / snel

märg / kuiv

nat / droog

soe / jahe

warm / koel

sõda / rahu

oorlog / vrede

0

null

nul

1

üks

één

2

kaks

twee

3

kolm

drie

4

neli

vier

5

viis

vijf

6

kuus

zes

7

seitse

zeven

8

kaheksa

acht

9

üheksa

negen

10

kümme

tien

11

üksteist

elf

12

kaksteist

twaalf

13

kolmteist

dertien

14

neliteist

veertien

15

viisteist

vijftien

16

kuusteist

zestien

17

seitseteist

zeventien

18

kaheksateist

achttien

19

üheksateist

negentien

20

kakskümmend

twintig

100

sada

honderd

1.000

tuhat

duizend

1.000.000

miljon

miljoen

inglise

Engels

Ameerika inglise

Amerikaans Engels

mandariini

Chinees Mandarijn

hindi

Hindi

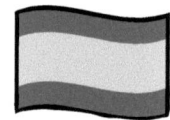

hispaania

Spaans

prantsuse

Frans

araabia

Arabisch

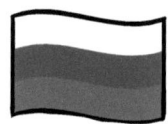

vene

Russisch

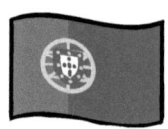

portugali

Portugees

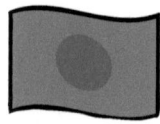

bengali

Bengalees

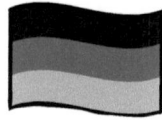

saksa

Duits

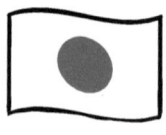

jaapani

Japans

mina

ik

sina

jij

tema

hij / zij / het

meie

wij

teie

jullie

nemad

zij

kes?

wie?

mis?

wat?

kuidas?

hoe?

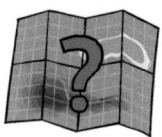

kus?

waar?

millal?

wanneer?

nimi

naam

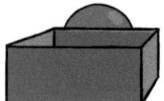

taga

achter

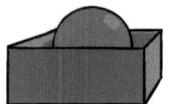

sees

in

ees

voor

kohal

boven

peal

op

all

onder

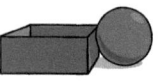

kõrval

naast

vahel

tussen

koht

plaats